Thèse

POUR LA LICENCE.

L'acte public sur les matières ci-après sera soutenu,

le lundi 7 août 1854, à onze heures,

RENÉ-PAUL GLEYROSE , né à Peyrusse (Aveyron).

Président : M. MACHELARD, Professeur.

Suffragants :
{ MM. VALETTE,
DE VALROGER,
VUATRIN, } Professeurs.
FERRY, Suppléant.

Le Candidat répondra en outre aux questions qui lui seront faites sur les autres matières de l'enseignement.

PARIS,

VINCHON, FILS ET SUCCESSEUR DE Mme Ve BALLARD,

Imprimeur de la Faculté de Droit,

RUE J.-J.-ROUSSEAU, 8.

—

1854.

3495

A MON PÈRE,

Souvenir de tous ses sacrifices.

A MA MÈRE, A MES SOEURS.

JUS ROMANUM.

DE SEPARATIONIBUS.

(Dig., l. XLII, tit. 6.)

Patrimoniorum separationem concedere decreto solet prætor defuncti creditoribus aut legatariis, ne hereditas cum heredis bonis confundatur; igitur post confusionem impetrari non potest separatio, nisi prædia exstent, vel mancipia, vel pecora, quæ perraro ita conjuncta et permixta ut impossibilis fiat separatio. Heredis creditores non separationem obtinent, quia debitori deteriorem creditorum conditionem facere licet. Intra quinquennium fiat postulatio, et antequam veniat hereditas, si separationem obtinere volunt creditores; quæ enim sine ulla fraudis suspicione si venierint frustra separationem impetrabunt. Nec separationem obtinebunt si nomen heredis secuti fuerint; utputa, si fidejussorem, licet non idoneum, acceperint, si usuras exegerint, si tandem ab eo stipulati fuerint novandi animo; quo modo proprii creditores heredis fiunt. Creditores defuncti separationem obtinuerunt, sed e bonis hereditariis in assem non soluti sunt ; sciendum est, an, dimissis creditoribus propriis, e bonis heredis debitum petere possint; respondit Ulpianus non posse ; qui enim separationem impetraverunt cum idonea essent heredis et non defuncti bona, sibi facilitatem imputent, et nisi justissima ignorantiæ causa veniam non obtineant; J. Paulus ita quoque respondit. Papinianus autem commodius probari creditores reverti ad bona heredis ait. Creditores verum heredis, si quid successionis superfuerit, dimissis hereditariis creditoribus pecuniam e cæteris bonis sine dubio petere possunt. Primus decessit, Secundo instituto, Secundique defuncti Tertius heres exstitit; separationem Primi adversus Secundi creditores obtinebunt, Secundi adversus Tertii at non adversus Primi creditores separationem impetrare possunt.

DE CURATORE BONIS DANDO.

(Dig lib. XLII, tit. 7.)

Successione non adita, aut herede nullo exstante, aut conditione non adventa cum sub conditione heres institutus erat, curator bonis dandus est (antiquum jus magistrum pro curatore scripserat), aut vendenda bona. Curatorem ex consensu majoris partis creditorum prætor constituit, aut provinciæ præses cum in provincia bona sunt. Nunquam curator creditor fiat; nec quisquam invitus nisi ex magna necessitate, arbitrioque imperatoris; isque invitus privilegium curator habet quod non alii : utputa si curatores plures sunt, et unus ex iis nihil attigerit, in eum qui nihil tetigit danda actio si benevolens, in eum vero non danda si invitus. Actiones curatoribus et in eos utiles competunt. Ita quæ per curatorem aut curatores gesta sunt rata habebuntur. Omnia quoque ad conservanda bona facere debent; scilicet si quid sub pignore aut usuris aut pœna debetur, solvat debitum curator. Si plures sunt ejusdem successionis curatores, in solidum, non pro portionibus omnes tenentur; quod si in diversis regionibus regionem suam quisque servabit, in solidum quisque agere et agi potest.

DE JURE DELIBERANDI.

(Dig., lib. XXVIII, tit. 8. — Cod. lib. VI, tit. 30.)

Separationum creditores si beneficia possunt impetrare, non minora heredibus beneficia concesserunt prætorum edicta et imperatorum constitutiones, inter quæ jus deliberandi. Tempus heredi concedebatur per quod hereditatem diligentissime inspiceret et magis instructus hereditatem adiret aut repudiaret; hoc est jus deliberandi, decreto prætor dabat et judex dicebat tempus ad deliberandum; non minus quam centum dierum dare licebat, sed semel aut sæpius tempus, ex magna tamen causa, dari poterat. Justiniani constitutione extensum est hoc tempus; novem prætor, duodecim imperator menses dabat. Ultra anni spatium heredi deliberare non licebat. Qui deliberat, hereditatem si non repudiaverit intra annum heres, ultra vires successionis teneatur.

In jure honorario filiifamilias ad suos heredes, de qua deliberabant hereditatem cum sua transmittebant; omnibus heredibus, sive filiifamilias, sive cognati, sive extranei Justiniani constitutio transmissionem hanc permisit; ita qui intra annum deliberationis decesserint, cæterum anni successoribus ad deliberandum transferunt.

Non heredi servo, sed ejus domino aut dominis, quia pro nullo apud prætorem servi habentur, tempus deliberandi competebat. Hereditatis creditores instrumentorum copias heredi præstare debebant quo melius hereditariam rem agnosceret.

Intra deliberationem corruptura quæ in hereditate essent, aut nimium sumptuosa vendere poterat heres; si quid sub pœna aut usuris aut pignore debitum erat, ad id solvendum, vendere debebat heres oleum aut vinum aut frumentum; quod si nihil, aut minus esset, hereditarii debitores agendi erant; necessaria quoque impendia facere debet heres.

Si pupilli nomine ad deliberandum tempus postulatur, impedit prætor ne minuatur hereditas, nec solum venditione sed etiam actionibus; id autem non prohibetur ex justa causa, arbitrique judicio, vescendi, aut funeris, aut impendii necessarii causa.

Inventarii beneficium constituit Justinianus imperator quo si inventarium esset, intra vires successionis tantum heres teneatur; et non solum militibus veluti Gordianus imperator, sed etiam successori omni extensit. Quo beneficio inutile jus deliberandi fiebat; sed impetrare cuivis ad deliberandum tempus licebat; quod si quis temerario petierit, nec inventorium scripserit, in solidum successionisque ultra vires tenetur, legisque Falcidiæ beneficium amittit. Quod si repudiaverit in solidum hereditatem restituat. Cum in armis magis quam in legibus experti sunt milites, etsi non inventarium scriptum fuerit, pro hereditaria re tantum teneantur.

DE HEREDITARIIS ACTIONIBUS.

(Cod. , lib. IV, tit. 16.)

Defuncti heredibus potest creditor successionis pecuniam petere, sed adversus legatarios personalem non habere actionem in Duodecim Tabularum lege scriptum est. Confusione extinguitur obligatio; nam creditor et debitor ipsius isdem esse non potest. Non ante aditam hereditatem heres conveniri licet. Onera pro partibus hereditariis a coheredibus solvuntur, in solidum tamen ab hypothecariæ rei possessore et qui pignus retinet. Herede etiamsi pupillo non differri posse creditorum exactionem

evidens est. Ad dotalis rei restitutionem adversus heredes ma-
riti personalis actio uxori competit, non autem adversus here-
ditarios debitores.

QUESTIONES.

Q. Heres a fidecommissario hereditatem adire coactus est,
deinde fideicommissarius absens aut nolens non petit hereditatem. — *S*. Heredem præstare debet prætor perinde ac non
adita esset hereditas.

Q. Debitor fidejussori heres exstitit, extincta est confusione
fidejussio, separationem nonne poterit obtinere creditor? —
S. Et poterit ; et si non idonea fideijussoris sint bona, ex heredis bonis debitum obtinebit.

Q. Adversus aditionem quæsitum est an æque succurri potest
libertina ? — *S*. Succurri non iniquum, ne ære alieno patronus
oneretur.

Q. Debitor foro recessit, ejusque creditores curatorem consti-
tuerunt ad vendenda bona ; creditor novus adest ; sciendum
est an curatorem agere possit ? — *S*. Non potest ; sed debitoris
cum curatore bona vendat, pretiumque pro parte accipiat.

Q. Curator quemdam ad vendenda bona mittit.— *S*. In curatorem, non in gestorem agere possunt creditores.

Q. Quid si plures sunt gradibus diversis heredes? — *S*. Cuique
prog radu dandum est ad deliberandum tempus.

Q. Quid , si heres abstinuerit, deinde tempus ad deliberandum petat? — *S*. Ex causa obtineat si nondum bona venierint.

DROIT FRANÇAIS.

CODE NAPOLÉON.

(Liv. 3, tit. 1er, chap. 5.)

SECTION III.

Du bénéfice d'inventaire, de ses effets et des obligations de l'héritier bénéficiaire.

Les successions s'ouvrent aujourd'hui par la mort naturelle seulement; dès cet instant les héritiers en sont saisis, mais tous ne succèdent pas de la même manière; les uns sont appelés héritiers proprement dits ou successeurs à la personne, et les autres successeurs aux biens; de cette distinction il est facile de tirer la conséquence que les premiers succédant à la personne seront tenus comme elle l'était elle-même des obligations qu'elle avait contractées, tandis que les seconds, simples successeurs, ne seront tenus que comme détenteurs des biens.

La loi a trouvé trop dure, dans certains cas, la condition des héritiers et les a assimilés, sous un rapport, aux successeurs

aux biens, en les autorisant à accepter les successions sous bénéfice d'inventaire.

Il est des cas même où la succession ne peut être acceptée
que sous bénéfice d'inventaire.

Ce bénéfice a été entouré de certaines formalités indispen-
sables à sa validité et qui sont une double garantie et pour les
héritiers et pour les créanciers et légataires.

L'héritier doit d'abord faire sa déclaration au greffe, sur un
registre destiné à cet effet, qu'il entend n'accepter que sous
bénéfice d'inventaire ; ce registre est le même que celui qui
sert aux déclarations de renonciations.

Avant ou après cette renonciation, l'héritier doit faire un
inventaire fidèle, exact et régulier des biens de la succession ;
l'omission d'une de ces trois conditions produit des effets différents, selon celle qui manque.

L'héritier coupable d'infidélité est déchu du bénéfice d'inventaire ; l'inexactitude sans infidélité ne lui fait pas encourir
la déchéance, mais il doit la réparer quand il la découvre. Le
défaut de formes essentielles annule l'inventaire, mais il peut
en être fait un nouveau.

Il fallait à l'héritier le temps de se renseigner sur les différents partis qu'il peut prendre ; le législateur, après lui avoir
donné trois mois pour faire inventaire, lui donne encore qua-
rante jours pour délibérer en connaissance de cause. Si ces
délais n'étaient pas suffisants, les tribunaux peuvent en accor-
der de nouveaux.

L'héritier, quoique dans les délais, peut sans doute être assigné par les créanciers, mais il jouit de l'exception dilatoire de
l'art. 174, C. pr., et il peut refuser de répondre à leur action.
Les frais légitimement faits pendant les délais soit légaux, soit
judiciaires, sont à la charge de la succession ; les autres doivent
être supportés par l'héritier.

La seule expiration des délais pour faire inventaire et délibérer ne constitue point une déchéance de cette faculté contre l'héritier; il en jouit encore tant que la prescription ne la lui a pas enlevée, tant qu'il n'a pas fait acte d'héritier et tant qu'il n'existe pas contre lui de jugement passé en force de chose jugée qui le condamne en qualité d'héritier pur et simple.

Le recel ou détournement d'effets de la succession le constitue héritier pur et simple.

L'héritier bénéficiaire représente le défunt comme un successeur à la personne, mais cela seulement dans ses rapports avec toutes personnes autres que créanciers et légataires. Le bénéfice consiste précisément dans cette distinction. Ainsi, dans ses rapports avec les créanciers et légataires il cesse de représenter le défunt; il n'est tenu des dettes que jusqu'à concurrence, et en tant que détenteur de la succession; de là la faculté de pouvoir s'en décharger en abandonnant les biens aux créanciers. Toutefois, si après la vente des biens, et toutes dettes acquittées, l'actif se trouve dépasser le passif, le bénéficiaire y a droit.

La confusion n'a pas lieu entre les biens de l'héritier et ceux de la succession; tous les droits qu'il avait contre le défunt ou que ce dernier avait contre lui subsistent encore. S'il a des cohéritiers c'est par eux ou contre eux que doivent être faites les poursuites, sinon elles ont lieu au nom d'un curateur qui représente la succession.

Personne plus que le bénéficiaire n'est intéressé à la bonne administration de la succession, aussi la loi, en échange des avantages qu'elle lui accorde, le charge d'administrer; il fait tous actes interruptifs de prescription, donne quittance valable des sommes qu'il reçoit, passe et renouvelle les baux, agit comme demandeur ou défendeur en justice, et enfin fait tous actes de conservation, de surveillance et d'administration qui, aux termes de l'art. 779, n'emportent pas acceptation tacite; il peut vendre les meubles (quant aux immeubles l'autorisation de justice est nécessaire), toutefois, avec certaines formalités. Comme tout administrateur gratuit, il n'est tenu que de ses fautes graves dans l'administration. Il doit rendre compte de sa gestion aux créanciers et légataires, et s'il se trouve reliquataire envers la succession il peut être contraint sur ses biens personnels, mais en tant que reliquataire seulement.

Vend-il les meubles? il est tenu d'en représenter le prix ou de rendre compte de son emploi; les garde-t-il? il est tenu des détériorations provenant de sa négligence.

S'il vend des immeubles, il est tenu, dit l'art. 806, d'en déléguer le prix aux créanciers qui se sont fait connaître; cette disposition a été modifiée dans la suite au titre des hypothèques et par l'art. 991 du C. de proc. qui porte que le prix doit être distribué suivant l'ordre des priviléges et hypothèques.

L'héritier peut payer les créanciers et les légataires à mesure qu'ils se présentent; mais alors les créanciers qui se présentent après que l'actif de la succession est complétement absorbé par les payements déjà faits, auront-ils un recours contre leurs co-créanciers ou contre les légataires seulement? Il faut distinguer s'ils se présentent avant l'apurement des comptes et le payement du reliquat, ou s'ils se présentent après. Dans le premier cas, ils auront un recours contre les autres créanciers et contre les légataires; c'est là du moins ce qui semble résulter de ces mots de l'art. 809 : « dans l'un et l'autre cas, » et de l'historique de sa rédaction, et ce qui est généralement adopté. Que s'ils ne se présentent qu'après l'apurement du compte, ils n'auront de recours que contre les légataires; ce dernier recours se prescrit par trois ans. Mais il peut arriver que l'héritier ait reçu opposition de payer de la part d'un ou de plusieurs créanciers; dans ce cas il ne peut payer qu'en vertu d'un règlement du juge; s'il payait nonobstant opposition, le créancier opposant aurait recours dans tous les cas contre l'héritier et les légataires, et aussi contre les créanciers payés s'il se présente avant l'apurement du compte.

Les créanciers peuvent requérir l'apposition des scellés; ils peuvent demander à l'héritier une caution bonne et solvable de la valeur du mobilier compris dans l'inventaire et du prix des immeubles non distribué aux créanciers; faute par l'héritier de donner cette caution, les meubles doivent être vendus; toutes les sommes versées entre ses mains doivent être versées à la caisse des dépôts et consignations; ses pouvoirs d'administrateur se trouvent restreints et à peu près analogues à ceux des curateurs aux successions vacantes.

SECTION IV.

Des successions vacantes.

Une succession est réputée vacante lorsqu'il ne se présente personne pour la réclamer, soit qu'il n'y ait pas d'héritier connu, soit que les héritiers connus y aient renoncé, soit que l'État s'étant présenté, sa demande ait été rejetée par le tribunal; dès lors, et sur la demande des personnes intéressées, ou sur la réquisition du procureur impérial, un curateur doit être nommé à la succession. Ainsi il peut arriver qu'il y ait des héritiers connus et que cependant la succession soit réputée vacante quoiqu'elle ne le soit pas en réalité, par exemple, lorsque les héritiers du premier degré ont renoncé, dans ce cas et dans l'intérêt de tous, il est juste qu'ils ne soient pas forcés de parcourir tous les degrés, jusqu'au douzième peut-être pour obtenir l'acceptation d'un héritier contre lequel ils puissent poursuivre leurs droits ou faire les actes conservatoires de ces droits.

Il est encore un cas où les créanciers pourraient faire nommer un curateur malgré le silence de l'art. 811 à cet égard; c'est le cas où un successeur irrégulier se trouve appelé; comme il peut s'écouler un temps assez long entre la demande et l'envoi en possession, le créancier, s'il a un grand intérêt à poursuivre immédiatement, peut demander la nomination d'un curateur.

Le premier devoir du curateur dès son entrée en fonctions, est de faire constater l'état de l'hérédité par un inventaire dans les formes prescrites. Comme l'héritier bénéficiaire, il administre la succession sans avoir cependant des pouvoirs aussi étendus. Le curateur poursuit au nom de la succession, il défend aux demandes formées contre elle. Il est obligé de vendre les meubles, et le prix, ainsi que les autres deniers de la succession, doivent être versés à la caisse des dépôts et consignations; c'est la caisse qui paye les créanciers sur l'ordonnance du tribunal; de ce qu'il ne reste pas dépositaire des deniers et des meubles, il suit qu'il n'est pas tenu de donner caution. La responsabilité du curateur, plus grande que celle de l'héritier bénéficiaire, s'étend aux fautes même légères de sa gestion. S'il vendait des meubles ou immeubles sans les formalités prescrites, la vente serait nulle, puisqu'il aurait dépassé les bornes de son mandat : au surplus, les dispositions de la section III sur les formes de l'inventaire, sur le mode d'administration et sur les comptes à rendre de la part de l'héritier bénéficiaire, sont communes aux curateurs aux successions vacantes.

CHAPITRE VI.

SECTION III.

Du payement des dettes.

Cette section explique par qui et comment doivent être payées les dettes d'une succession. Nous verrons d'abord la part que chacun des copartageants est tenu de supporter définitivement dans le payement, ou contribution aux dettes :

La part dont chacun peut être poursuivi par les créanciers, ou obligation aux dettes.

Le droit accordé aux créanciers ou légataires du défunt de demander la séparation des patrimoines pour mieux assurer leur payement.

Cette section comprend un article (877) sur l'effet envers l'héritier des titres exécutoires contre le défunt.

Les dettes du défunt doivent être payées et supportées par les héritiers et par les donataires ou successeurs aux biens, universels ou à titre universel.

Les légataires particuliers ne sont obligés aux dettes que dans le cas où l'immeuble légué serait affecté par hypothèque, et dans ce cas même ils ne contribuent pas, c'est-à-dire qu'ils ont un recours contre ceux qui doivent définitivement supporter la dette.

Les héritiers contribuent au payement des dettes de la succession, chacun dans la proportion de ce qu'il y prend.

Il peut arriver que les biens de la succession soient affectés par hypothèque au service des arrérages d'une rente ; si l'hypothèque est spéciale à un immeuble, les cohéritiers ont deux partis à prendre ; ils peuvent demander que l'immeuble soit rendu libre avant le partage ; ou bien ils peuvent partager la succession telle qu'elle est ; l'immeuble grevé doit être estimé au même taux que les autres, mais dans la formation des lots, le copartageant ne le reçoit que déduction faite du capital de la rente sur le prix total, et il demeure seul chargé du service de la rente et de la garantie envers les cohéritiers.

Chacun des héritiers peut être poursuivi pour sa part contributoire et il ne peut pas refuser de l'acquitter, mais il peut arriver que le créancier ne veuille pas diviser son action entre une foule de cohéritiers, et qu'il préfère obtenir d'un seul ou de tel héritier plutôt que de tel autre le payement de sa créance ; ce droit est limité par la loi à deux cas :

Dans le premier, l'héritier est poursuivi comme continuateur de la personne du défunt. Chaque héritier peut être poursuivi jusqu'à concurrence de la part pour laquelle il représente une personne ; c'est là ce qu'a voulu exprimer l'art. 873 par ces mots : « Part virile » qui sont une réminiscence de l'ancien droit coutumier, laissés par mégarde dans la rédaction et qu'on remplace généralement par ceux-ci : « Part héréditaire. » Ainsi, je suppose un héritier légitime en concours avec des successeurs aux biens, soit universels, soit à titre universel ; l'héritier légitime peut être poursuivi pour le tout, car lui seul représente la personne du défunt, quoiqu'il ne prenne peut-être qu'une moitié, un tiers ou un quart de l'hérédité, sauf recours, il est vrai, contre ses cosuccesseurs.

Le deuxième cas se présente quand le créancier a une hypothèque spéciale sur un immeuble ; il peut alors poursuivre le détenteur pour le tout, et peu importe sa qualité de détenteur à titre gratuit ou à titre onéreux, il doit payer si mieux il n'aime délaisser ; mais dans tous les cas, il est de plein droit subrogé aux droits du créancier. Si le détenteur devait rester étranger à la dette, il pourra agir à son tour et pour le tout contre l'héritier qui se trouverait personnellement obligé comme représentant le défunt ; si, au contraire, il doit contribuer au payement, il ne pourra actionner ses cosuccesseurs qu'en raison de la part que chacun doit définitivement supporter. Ce fractionnement de l'hypothèque a été établi dans ce cas pour éviter des circuits d'actions qui eussent occasionné beaucoup de frais et pour ne pas troubler la bonne harmonie qui doit exister entre les membres d'une même famille.

Il peut donc arriver, comme nous venons de le voir, que l'obligation soit plus forte que la contribution aux dettes.

Le recours que les cohéritiers ou successeurs ont contre leur cohéritier peut devenir inutile par l'insolvabilité de tous ou de l'un d'eux. Si tous sont insolvables, celui qui a payé supporte seul la dette; si l'un deux seulement est insolvable, sa part de dette est répartie au marc le franc sur tous les autres. Du reste, une section spéciale est consacrée par le Code à exposer les règles de la garantie en matière de succession.

L'héritier a donc reçu de la loi le bénéfice d'inventaire pour le protéger contre les créanciers de la succession dans le cas où elle est onéreuse; d'un autre côté, les derniers articles de cette section s'occupent du bénéfice ou privilége de séparation des patrimoines destiné à protéger les créanciers de la succession contre l'insolvabilité de l'héritier. En effet, un héritier insolvable, acceptant purement et simplement une succession dont l'actif serait égal ou supérieur au passif, pourrait causer un préjudice réel aux créanciers de la succession par la confusion qui s'opérerait entre les deux patrimoines; cette séparation n'a d'effet que contre les créanciers de l'héritier; elle ne change rien aux rapports des créanciers de la succession entre eux. Elle peut être demandée par un ou plusieurs tandis que les autres ne la demandent pas, et celui ou ceux qui l'ont obtenue n'auront que ce qu'ils auraient eu si tous l'avaient demandée.

La séparation des patrimoines est accordée dans le seul intérêt des créanciers héréditaires; de là la conséquence que les créanciers de l'héritier ne sont pas admis à la demander, parce que leur débiteur peut parfaitement faire de nouvelles dettes sans qu'ils puissent s'y opposer; ce n'est que dans le cas de fraude qu'ils pourraient faire révoquer l'acceptation d'une succession faite à leur préjudice.

Les créanciers d'une succession n'ont plus le droit de demander la séparation des patrimoines dès qu'ils ont accepté l'héritier pour débiteur.

En effet, c'est là une nouvelle créance qui remplace la première, créance contre l'héritier et non plus contre la succession. Les tribunaux ont assez de latitude pour décider les cas dans lesquels on prétendrait reconnaître cette acceptation.

La faculté de demander la séparation se perd par la prescription de trois ans, quant aux meubles, ou par l'aliénation qu'en ferait l'héritier, et encore par la confusion.

Quant aux immeubles, il n'y a pas de prescription; pourvu qu'une inscription ait été prise dans les six mois de l'ouverture de la succession sur les biens qu'elle possède, et pourvu que les immeubles soient entre les mains de l'héritier, la séparation peut toujours être demandée. Si les immeubles étaient aliénés, l'inscription devrait être prise dans la quinzaine de la transcription sous peine de déchéance; et même dans le cas de vente, si le prix n'est pas payé, la déchéance n'a pas lieu par le seul fait de l'aliénation, le privilége peut être conservé sur la créance qui en résulte.

L'art. 882 offre aux créanciers d'un copartageant les moyens d'éviter que le partage soit fait en fraude de leurs droits; ils peuvent s'opposer à ce que le partage soit fait en fraude de leurs droits et y intervenir à leurs frais; mais ils ne peuvent attaquer un partage consommé que dans le cas où il aurait été fait au mépris de leur opposition et hors de leur présence.

L'héritier continuant la personne du défunt, il est évident que les titres exécutoires contre ce dernier le sont aussi contre lui; mais comme il pourrait fort bien les ignorer, l'art. 877 exige que signification lui soit faite et qu'elle précède de huit jours l'exécution du titre.

TITRE III.

CHAPITRE IV.

SECTION V.

Des obligations divisibles et indivisibles.

Le Code, après avoir défini les obligations, formulé les règles essentielles à leur validité, indiqué leurs effets, consacre un chapitre aux diverses modalités dont elles sont susceptibles.

La divisibilité et l'indivisibilité sont au nombre de ces modalités.

L'obligation, dit l'art. 1217, est divisible ou indivisible selon qu'elle a pour objet ou une chose qui dans sa livraison, ou un fait qui dans l'exécution est ou n'est pas susceptible de division matérielle ou intellectuelle ; c'est donc l'objet même de l'obligation qui est divisible ou indivisible, et non l'obligation elle-même.

On distingue trois espèces de divisibilité et d'indivisibilité.

Les trois espèces de divisibilité consistent : 1° dans la séparation réelle et matérielle des parties d'une même chose ; 2° dans la division d'une chose matérielle sans que ces parties soient réellement séparées les unes des autres ; 3° et encore dans la division intellectuelle de choses qui ne sont susceptibles d'aucune séparation ou délimitation, mais qui sont susceptibles des parties civiles.

Les trois espèces d'indivisibilité sont, d'après Pothier ; l'indivisibilité *contractu aut natura ;* l'indivisibilité *obligatione ;* l'indivisibilité *solutione tantum.*

La qualification donnée à chacune de ces espèces indique assez leur nature, et il est facile de retrouver dans cette section les articles applicables à chacune d'elles.

Solidarité et indivisibilité sont des modalités parfaitement distinctes et qu'il ne faut pas confondre l'une avec l'autre, car elles ont des effets différents ; la solidarité ne fait pas présumer l'indivisibilité, l'art. 1219 a pris soin de le rappeler.

La divisibilité ou l'indivisibilité stipulée dans une convention ne change rien à la position personnelle du débiteur. Il doit toujours exécuter l'obligation comme si elle était indivisible : ce n'est qu'à l'égard des héritiers du créancier et du débiteur qu'il peut y avoir intérêt à distinguer si une dette est divisible ou indivisible ; divisible, elle se divise de plein droit à la mort du créancier ou du débiteur entre leurs héritiers qui ne peuvent poursuivre ou être poursuivis chacun que pour sa part. Une dette divisible contractée par plusieurs personnes forme une réunion d'autant de dettes qu'il y a de débiteurs, et chacun ne peut être poursuivi que pour sa part ; lorsque plusieurs créanciers stipulent d'un débiteur, ils sont censés stipuler chacun pour sa part, et il y en a autant que de créanciers.

Il y a des exceptions à la divisibilité entre les héritiers du débiteur, qui n'affectent en rien la divisibilité entre les héritiers du créancier ; c'est là le cas d'indivisibilité *solutione tantum* qui n'affecte l'obligation qu'au point de vue passif.

1° Une première exception a lieu quand la dette est hypothécaire ; l'indivisibilité a ici sa source dans le principe de l'article 2114 : l'hypothèque est indivisible.

2° Quand la dette est d'un corps certain. En donnant dans ce cas au créancier le droit de poursuivre pour le tout le détenteur de la chose objet de la dette, le législateur a évité un circuit d'actions qui aurait eu lieu si le créancier n'eût pu poursuivre chaque héritier que pour sa part ; en effet, les héritiers non détenteurs condamnés à des dommages-intérêts envers le créancier

auraient pu recourir contre leur cohéritier pour le forcer à exécuter l'obligation ou à le garantir contre leur condamnation.

3° Lorsqu'il s'agit de la dette alternative de choses au choix
du créancier, dont l'une est indivisible; dans le cas en effet où
la chose indivisible sera exigée, l'obligation sera indivisible; elle
sera, au contraire, divisible dans le cas où le créancier exigerait
l'autre.

4° Lorsque l'un des héritiers a été seul chargé par la convention de l'exécution de l'obligation; cette clause n'empêchera
pas l'héritier qui aura payé de recourir contre ses cohéritiers.

5° Lorsqu'il résulte, soit de la nature de l'engagement, soit
de la chose qui en fait l'objet, soit de la fin qu'on s'est proposée
dans le contrat, que l'intention des contractants a été que la
dette ne pût s'acquitter partiellement.

Si plusieurs personnes ont contracté une obligation indivisible, chacune d'elles en est tenue pour le tout, quoiqu'il n'ait
point été stipulé de solidarité; il en est de même pour les héritiers de celui qui a contracté une pareille obligation.

La prescription interrompue à l'égard d'un des cohéritiers
est interrompue à l'égard de tous (2249).

Chacun des créanciers peut agir pour le tout, et chaque débiteur peut être actionné pour le tout. Le débiteur qui a payé
l'un des créanciers est libéré à l'égard de tous. Mais le pouvoir
de donner valable quittance n'emporte pas pour un seul des
créanciers le pouvoir de faire remise de la dette autrement que
pour sa part. Dans ce dernier cas, les autres créanciers seront
obligés, s'ils poursuivent le débiteur, de lui tenir compte de la
part de la dette qui lui a été remise. Un seul des créanciers ne
peut pas davantage recevoir le prix au lieu de la chose.

On a cherché à adoucir la rigueur de l'indivisibilité, en per-
mettant à l'héritier du débiteur assigné pour le tout de mettre

en cause ses cohéritiers pour acquitter chacun sa part, lorsque la nature de la dette le permet, ou bien pour se voir condamner avec lui au payement des dommages-intérêts résultant de l'inexécution; dans ce cas, l'obligation résolue en obligation d'une somme d'argent sera divisible.

Si l'héritier ne profite pas des délais de la mise en cause, ou si la nature de la dette est telle qu'elle ne puisse être acquittée que par lui, il est condamné pour le tout, sauf le recours de droit.

CHAPITRE V.

SECTION V.

De la confusion.

La confusion est rangée au nombre des modes d'extinction des obligations; on la définit alors la réunion sur la même tête des qualités de créancier et débiteur de la même chose. Comme l'on ne peut être son créancier et son débiteur, ces deux qualités, incompatibles entre elles, se détruisent réciproquement. La créance et la dette sont alors éteintes, et non « les deux créances, » comme le porte par erreur l'art. 1300, qui serait plutôt applicable à la compensation. Cette réunion de qualités peut avoir lieu par les diverses manières, soit donation ou succession, au moyen desquelles un débiteur succède à son créancier ou réciproquement, ou bien quand le même succède au créancier et au débiteur.

La confusion est un mode d'extinction des obligations, car elle en rend l'exécution impossible; mais elle n'éteint que ce qui est impossible à exécuter, elle ne doit point préjudicier aux tiers.

L'art., 1301 explique les effets de la confusion dans certains cas.

Ainsi, la confusion qui s'opère dans la personne du créancier et du débiteur principal, libère les cautions.

Celle qui s'opère dans la personne du créancier et de la caution ne libère pas le débiteur principal, mais libérerait la caution de cette même caution.

La confusion des qualités de créancier et débiteur ne profite aux codébiteurs solidaires que pour la part qu'il devait supporter, et pour laquelle les codébiteurs auraient recours contre lui.

La confusion n'a pas lieu en matière de succession, quand l'acceptation est faite sous bénéfice d'inventaire.

La séparation des patrimoines a aussi pour effet d'empêcher la confusion.

Le dol ou la violence étant une cause de rescision d'acceptation, la rescision détruit dans le passé les effets de la confusion.

La vente par l'héritier dès biens d'une succession n'empêche pas que la confusion n'ait été produite.

CODE DE PROCÉDURE.
(Part. 2, liv. 2, tit. 8.)

L'héritier bénéficiaire, quoique possédant des pouvoirs assez étendus pour l'administration de la succession, est cependant obligé de demander à la justice l'autorisation de faire certains actes qui, faits sans cette autorisation, entraîneraient la déchéance de son bénéfice; et même avant de prendre aucun parti, comme habile à succéder, il est certains actes qu'il est de son intérêt de faire, par exemple, vendre les meubles susceptibles de dépérir ou dispendieux à conserver; il peut se faire autoriser à les aliéner. L'autorisation s'obtiendra sur requête adressée au président

du tribunal de la succession, et la vente sera faite par un officier
public après les affiches et publications prescrites par le Code
de procédure pour la vente du mobilier.

Si, dans la suite, l'héritier a pris parti et qu'il veuille vendre
des immeubles pour acquitter les dettes de la succession, il présente au président du tribunal du lieu de l'ouverture une requête
où sont désignés sommairement les immeubles à vendre ; sur les
conclusions du ministère public et sur le rapport d'un juge-com-
missaire, le tribunal autorise la vente, fixe la mise à prix avec ou
sans estimation préalable des immeubles ; cette vente se fait suivant les mêmes formalités que celles prescrites pour la vente des
immeubles des mineurs. L'héritier qui ne se serait pas con-
formé à ces règles serait réputé héritier pur et simple. Les
deux articles 987 et 988 ont reçu quelques modifications de la
loi du 2 juin 1841 (art. 5). L'art. 988 renvoie pour les règles à
suivre aux titres de la saisie immobilière et de ses inci-
dents, et au titre de la vente des immeubles des mineurs.

Si ce sont des rentes qu'il s'agit de vendre, l'autorisation du
tribunal sera nécessaire pour celles au-dessus de 50 fr. (avis du
conseil d'État du 17 novembre 1807) ; dans tous les cas, la vente
aura lieu par le ministère d'agent de change. Les rentes sur particuliers seront vendues conformément aux dispositions des articles 643 et suiv. du Code de proc.

Le prix de la vente du mobilier doit être distribué par contribution entre les créanciers opposants.

Le prix de vente des immeubles est distribué suivant l'ordre
des priviléges et hypothèques.

Le Code Napoléon permet aux créanciers ou légataires d'exi-
ger caution de l'héritier bénéficiaire pour le mobilier et le prix
non distribué provenant d'immeubles vendus. Le Code de proc.
règle la manière dont se fait la demande ; elle se fait par som-
mation extra-judiciaire à personne ou à domicile ; le bé-

néficiaire a trois jours, plus un jour par trois myriamètres de distance entre son domicile et le lieu où siége le tribunal pour présenter sa caution, qui sera reçue conformément aux dispositions des art. 517 et suiv. au titre des réceptions de caution; s'il s'élève des difficultés relativement à sa réception, l'avoué le plus ancien des poursuivants représentera les créanciers.

L'héritier bénéficiaire pourrait s'enrichir aux dépens de la succession s'il ne devait rendre aucun compte, aussi en est-il tenu et de la même manière et dans les mêmes formes que les comptables judiciaires, tuteurs, mandataires et administrateurs provisoires.

La confusion ne s'étant pas opérée entre les patrimoines de la succession et de l'héritier, chacun conserve ses droits; mais la poursuite ne pouvant se faire par et contre l'héritier lui-même, s'il y a des cohéritiers ce seront eux qui représenteront la succession; sinon il sera nommé, à cet effet, un curateur au bénéfice d'inventaire; la nomination aura lieu comme celle des curateurs aux successions vacantes.

DU CURATEUR A UNE SUCCESSION VACANTE.
(Titre 10.)

L'art. 998 du Code de proc. reproduit littéralement l'article 811 du C. Nap., au sujet des successions réputées vacantes; conformément à l'art. 812, un curateur doit être, dans ces cas, nommé à la succession. Le tribunal le nomme sur requête des intéressés ou sur réquisition du ministère public.

Si deux curateurs étaient nommés à la même succession, soit par le même tribunal, soit par des tribunaux différents, la première nomination annulle la seconde.

On trouve quelque différence dans les pouvoirs de l'héritier bénéficiaire et du curateur, agissant tous deux comme adminis-

trateurs; le curateur n'a pas la faculté de conserver les meubles
de la succession, il doit les vendre et en observant les mêmes
formalités que l'héritier; seulement, l'inobservation des formes
produit des effets différents, suivant qu'elle vient de l'héritier
ou du curateur; la vente faite par le premier est valable, mais
il est déchu du bénéfice d'inventaire; la vente faite par le se-
cond est nulle; le curateur doit observer les mêmes formalités
que le bénéficiaire pour vendre les immeubles; mais le prix de
vente de meubles ou d'immeubles aliénés par le curateur doit
être versé à la caisse des dépôts et consignations; le curateur
ne doit garder entre ses mains aucune partie des deniers; les
débiteurs de la succession ne payent pas entre ses mains, de
même que les créanciers ne sont pas payés par lui; il suit de
là qu'il n'est pas tenu de donner caution.

POSITIONS.

I. *Quid?* La déchéance que l'art. 800 Cod. Nap. prononce
contre l'héritier dans le cas d'un jugement passé en force de
chose jugée, est-elle générale envers tous les créanciers, ou
bien n'existe-t-elle que dans ses rapports avec le créancier qui
a obtenu le jugement? — *Solutio.* Elle est générale, car l'héritier en combattant en justice la prétention du créancier, en dis-
cutant avec lui comme un héritier pur et simple, a fait suppo-
ser l'intention d'accepter purement et simplement. On peut dire
encore qu'en le laissant passer en force de chose jugée par
l'expiration des délais d'opposition ou d'appel, il a tacitement
reconnu la qualité que lui donne le jugement, d'héritier pur et
simple.

II. *Quid?* L'acceptation, sous bénéfice d'inventaire, enlève-t-

www.ingramcontent.com/pod-product-compliance
Lightning Source LLC
Chambersburg PA
CBHW070200200326

41520CB00018B/5480